A PROPÓSITO DE LAS OSC

Cómo poner a nuestra organización al servicio de la Causa

2020
EMPRESABILITY
4apurpose.org

J Felipe Cajiga C

Tel. 5554032429

jfcajiga@icloud.com

https://purposeability.guru

CONTENIDO

J Felipe Cajiga C

Tel. 5554032429

jfcajiga@icloud.com

https://purposeability.guru

¿Qué es un Consejo?

Los miembros de la junta son los guardianes del propósito organizacional, que cuidan que la organización cumpla con él. La junta directiva, consejo o patronato no importa el nombre, es el que dirige a la organización hacia un futuro sostenible mediante la adopción de políticas sólidas, éticas y legales de gobernanza y gestión financiera, así como asegurándose que la organización sin fines de lucro tenga recursos adecuados para avanzar en su misión.

Es función de un consejo de administración ser el rector de la organización, las personas que lo integran son los responsables de forma colegiada de supervisar y hacer las observaciones que consideren convenientes de las actividades. El Consejo establece la periodicidad de sus sesiones, en las que discutirán y aprobarán por votación los asuntos relevantes de la institución.

El Consejo Directivo establece objetivos y la dirección de la organización, examina y aprueba las estrategias, el plan de trabajo y el presupuesto anual. Asimismo, establece y monitorea numerosos parámetros de gestión y funcionamiento de la organización.

Una responsabilidad clave del Consejo Directivo es designar al Director General, a quién puede hacerle recomendaciones, pero siempre en calidad de órgano, no de manera individual. Siempre respetando las áreas de competencia y acción de cada una de las instancias.

J Felipe Cajiga C

Tel. 5554032429

jfcajiga@icloud.com

https://purposeability.guru

¿Qué significa esto exactamente?

Para entenderlo mejor veamos la definición de algunos de los conceptos que están involucrados.

Dicho de forma más simple, una junta es un grupo de personas que supervisan las actividades de una organización sin fines de lucro. La junta no debe integrarse por el mismo equipo profesional, tampoco los miembros del consejo deberán realizar funciones operativas.

Debe haber separación entre los que están construyendo y ejecutando los programas y los que los gobiernan, para garantizar la salud y transparencia institucional.

El consejo o junta está integrado por un grupo de personas que apuestan y aportan en el éxito de la organización, y trabajan para apoyar la misión de la organización de varias maneras.

Para lograr sus metas, una junta celebra reuniones regulares donde los miembros de la junta discuten y votan sobre temas importantes para la organización, apoya en la promoción de la causa, ponen las bases para el crecimiento y el éxito de sus programas, establecen relaciones y alianzas que contribuyan a la misión, procuran los recursos necesarios para su trabajo, son responsables de la gobernanza institucional, etc.

Una junta es el órgano rector de una organización sin fines de lucro.

¿Qué es la gobernanza?

Según el diccionario del Poder Mundial, se entiende como la capacidad y acto de tomar decisiones colectivas en un territorio o comunidad determinada (en este caso en una organización), que puede abarcar desde una familia hasta el planeta entero. Desde las políticas públicas a la empresa, el asociacionismo o la gestión de redes virtuales, y el conjunto de procesos y resultados que derivan de esta capacidad.

La gobernanza puede aplicarse a diferentes escalas del territorio y sectores de toma de decisiones, manteniendo ciertos principios comunes.

La gobernanza no equivale a un sistema de gobierno, sino al sistema formado por actores, especialmente instituciones, relaciones, normas y procesos, relativos a la toma de decisiones.

Por su parte para el Business Dictionary, la Gobernanza es el "establecimiento de políticas, y un seguimiento continuo de su correcta aplicación, por parte de los miembros del órgano rector de una organización. Incluye los mecanismos necesarios para equilibrar los poderes de los miembros (con la rendición de cuentas asociada), y su deber principal de mejorar el [estado financiero] y la viabilidad de la organización."

Seguramente, la mayoría de ustedes puede estar familiarizados con el rol que desempeña un consejo, pero el punto que el consejo puede y debe ser más que un requisito a cumplir.

Te invito a reflexionar las muchas maneras para lo que un consejo puede ayudar al trabajo y bienestar de nuestras organizaciones, a

J Felipe Cajiga C

Tel. 5554032429

jfcajiga@icloud.com

https://purposeability.guru

todos nos gustaría conocer y comentar cuál es su punto de vista y la experiencia de lo que su consejo ha hecho por sus organizaciones.

Uno de los aspectos más importantes para el éxito y buen financiamiento de una organización social es su Junta Directiva, Consejo Directivo o Patronato. Pero es esencial tener claro para qué lo necesitamos, cuál es su función o funciones y el rol que tiene frente al equipo directivo.

Desafortunadamente, aunque parece obvio, muchas organizaciones no cuentan con uno, y si lo tienen no tienen bien definido su rol, o incluso no tiene la conformación ideal para su trabajo. Aquí les dejo algunas preguntas que nos pueden servir como una reflexión.

1. ¿Tiene tu organización una Junta Directiva o Consejo?
   a. No
   b. Sí
   c. No sé

2. ¿Cuántos miembros de la Junta Directiva de su organización tienen experiencia y compromiso relevantes con la misión de la organización?
   a. Ninguno
   b. Algunos
   c. Varios
   d. todos
   e. No sé

3. ¿Tiene tu junta directiva diversidad de género, generacional, socioeconómica y cultural?
   a. No
   b. Sí
   c. No sé

4. ¿Es clara la división de responsabilidades entre la Junta Directiva de tu organización y el equipo directivo?
   a. No
   b. Sí
   c. No sé

5. Podría describir el valor de una junta directiva.
   a. No estoy de acuerdo
   b. Ni de acuerdo, ni en desacuerdo
   c. De acuerdo
   d. Totalmente de acuerdo

6. Podría evaluar las habilidades, la experiencia y el liderazgo que mi organización necesita en mi junta directiva.
   a. No estoy de acuerdo
   b. Ni de acuerdo, ni en desacuerdo
   c. De acuerdo
   d. Totalmente de acuerdo

7. Estoy seguro de que podría reclutar a los mejores candidatos posibles para satisfacer mis necesidades de la junta.
   a. No estoy de acuerdo
   b. Ni de acuerdo, ni en desacuerdo

    c. De acuerdo
    d. Totalmente de acuerdo

8. Podría orientar a los nuevos miembros de la junta hacia una cultura saludable de la junta.
    a. No estoy de acuerdo
    b. Ni de acuerdo, ni en desacuerdo
    c. De acuerdo
    d. Totalmente de acuerdo

El mapeo de las partes interesadas es una herramienta útil para comprender el apoyo o la oposición que podemos encontrar, por parte de diversos actores que afectan o se ven afectados por nuestra actividad o decisiones.

Generalmente las empresas u organizaciones pecamos de menospreciar el papel que juegan otros actores si estos no son nuestros accionistas, clientes o benefactores y beneficiarios si hablamos de una organización social.

La propuesta es no sólo identificarlos y estar prevenidos a su reacción, sino convertirlos en aliados estratégicos de nuestra organización, desde una perspectiva de ganar - ganar.

Es muy importante darle toda la seriedad al momento de trabajar en su identificación y en la de sus expectativas, pues hacerlo de una manera somera, puede provocar que dejemos de tomar en cuenta aspectos fundamentales, o que equivoquemos nuestra estrategia al considerar situaciones que no sean realistas.

INSTRUCCIONES:

Resulta de vital importancia, ser capaces de identificar una oportunidad para una asociación. Para esto, debemos hacer una lista con las partes interesadas o stakeholders que tienen relación con nosotros en torno al tema o problema que buscamos resolver.

Esto nos permitirá identificar a los candidatos más prometedores para la asociación y como es que debemos trabajar nuestra relación con cada uno de ellos.

BARRIDO INICIAL

Piensa en todos los grupos de personas que están afectadas por el problema que tu empresa u organización está tratando de resolver o que tienen el poder de afectar el problema. Luego, considera qué recursos e instrumentos (derechos legales y poderes) pueden aportar. Identifica al menos 5 grupos de partes interesadas.

* Nota: esto funciona mejor cuando se hace con otros miembros de tu organización.

PARTE INTERESADA	AFECTADO POR EL PROBLEMA	AFECTA EL PROBLEMA	RECURSOS	INSTRUMENTOS LEGALES

J Felipe Cajiga C

Tel. 5554032429

jfcajiga@icloud.com

https://purposeability.guru

MATRIZ DE INFLUENCIA/INTERÉS

 Coloca los grupos de partes interesadas identificados en la tabla de Barrido Inicial en la matriz de influencia/interés.

¿Qué grupos tienen tanto gran influencia como alto interés?

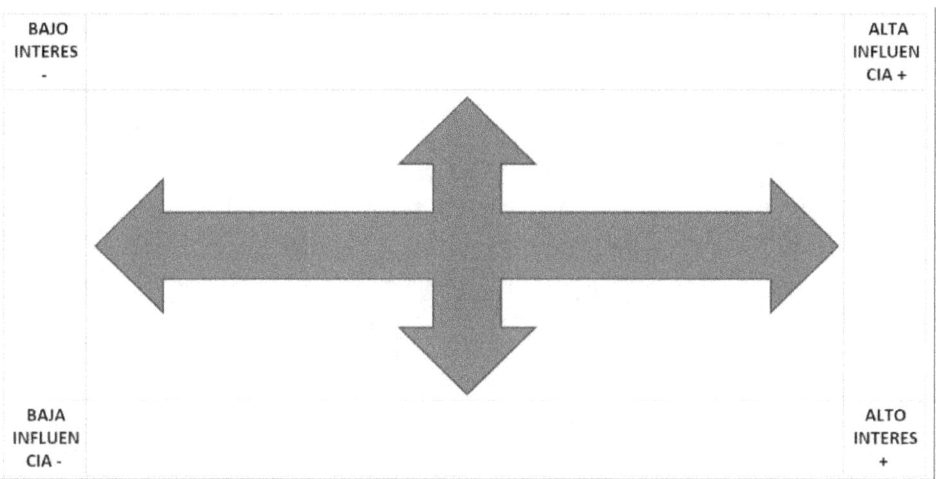

PAPELES

Por último, piensa en cómo te gustaría involucrar a cada grupo de partes interesadas. Recuerda: Son prioritarios sólo aquellos con alto interés y alta influencia, porque tendrán mucho más potencial de ser

buenos socios. Sin embargo, no quiere decir que descartemos a otros, que pueden ocupar otros papeles.

Asigna un rol a cada grupo de partes interesadas y anota cuál es la principal expectativa para cada una de las partes.

J Felipe Cajiga C

Tel. 5554032429

jfcajiga@icloud.com

https://purposeability.guru

El enfoque **4D** por sus siglas en inglés (DISCOVER, DESIGN, DRIVE AND DELIVER) es un modelo de trabajo que está diseñado para alcanzar resultados medibles para organizaciones sin fines de lucro, apoyados en la comunicación.

Así es como funciona:

DESCUBRIR (DISCOVER)

- ¿Qué diferencia a tu organización de las demás?
- ¿Cuáles son sus activos más fuertes?
- ¿Quiénes son sus aquellos grupos a los que le interesa qué tiene tu organización que las motiva?
- ¿Cómo puede hacer un caso mejor documentado para acercar a esos públicos? y llevarlos hasta actuar junto con nuestra organización.

Responderemos preguntas como estas que son fundamentales para configurar con éxito la comunicación de nuestra organización.

DISEÑO *(DESIGN)*

Durante esta fase de diseño, exploramos las formas más efectivas de avanzar en los objetivos de la organización sin fines de lucro apoyados con nuestras comunicaciones, al tiempo que tenemos en cuenta lo que aprendimos durante el Descubrimiento.

Esta fase puede implicar el desarrollo de un plan general de comunicación, una nueva estrategia de posicionarla, un plan de campaña u otro tipo de estrategia. Nuestro objetivo es alinear los esfuerzos de comunicación con todos los resultados estratégicos que desarrollamos con el plan estratégico de tu organización.

CONDUCIR (DRIVE)

En esta fase se pone en marcha con tácticas que nos muevan hacia el crecimiento y los resultados medibles. Ya sea que el objetivo sea crear conciencia, involucrar a audiencias objetivo o incitar a una acción en particular, aprovecharemos nuestra experiencia y lo que tenemos para ofrecer.

Dependiendo de las características de nuestra organización y sus necesidades, podemos asumir toda la responsabilidad de implementar los planes de posicionamiento y comunicación, con apoyo profesional externo o podemos hacer el trabajo asignando funciones específicas al equipo existente.

ENTREGAR (DELIVER)

Estamos comprometidos a medir el impacto de nuestros esfuerzos y la comunicación de nuestra misión y de sus resultados, de esto se trata nuestra fase de entrega.

Es por eso por lo que establecemos puntos de referencia basados en el análisis que hicimos en el descubrimiento.

Lo que ha resultado de esfuerzos anteriores, desarrollamos informes personalizados para cada de los públicos de interés y revisamos nuestros resultados con ellos y con nuestro equipo con la mayor frecuencia que sea posible.

J Felipe Cajiga C

Tel. 5554032429

jfcajiga@icloud.com

https://purposeability.guru

Valoraremos cualquier observación o dato que nos proporcionan y los utilizamos para guiar la evolución y mejora continua de nuestras estrategias.

¿Listo para ir a trabajar?

¡HABLEMOS DE TUS METAS Y LO QUE PODEMOS HACER JUNTOS PARA AYUDARTE A LLEGAR ALLÍ!

TIPO DE RELACIÓN	PARTE INTERESADA:	EXPECTATIVA
SOCIO(S) Un stakeholder con quien tenemos una relación de trabajo en curso.		
PROVEEDOR(ES) Una parte interesada a la que le pagamos por sus servicios.		
INFLUYENTE(S) Una parte interesada que celebra y publicita nuestra Misión.		
INVERSIONISTA/PATROCINA DORES) Una parte interesada que proporciona financiamiento.		
CONSULTOR(ES) Una parte interesada que proporciona asesoramiento.		
REGULADOR(ES) Un stakeholder con la capacidad de imponer requisitos legales sobre su trabajo.		
BENEFICIARIO(S) Una parte interesada que se beneficia de nuestro trabajo.		
OBSTACULIZADOR POTENCIAL Una parte interesada que hace que sea más difícil lograr los resultados previstos.		
OTRO (S)		

TIPO DE RELACIÓN	PARTE INTERESADA:	EXPECTATIVA
SOCIO(S) Un stakeholder con quien tenemos una relación de trabajo en curso.		
PROVEEDOR(ES) Una parte interesada a la que le pagamos por sus servicios.		
INFLUYENTE(S) Una parte interesada que celebra y publicita nuestra Misión.		
INVERSIONISTA/PATROCINA DORES) Una parte interesada que proporciona financiamiento.		
CONSULTOR(ES) Una parte interesada que proporciona asesoramiento.		
REGULADOR(ES) Un stakeholder con la capacidad de imponer requisitos legales sobre su trabajo.		
BENEFICIARIO(S) Una parte interesada que se beneficia de nuestro trabajo.		
OBSTACULIZADOR POTENCIAL Una parte interesada que hace que sea más difícil lograr los resultados previstos.		
OTRO (S)		

La Teoría del Cambio nos permite entender cómo es que las actividades producen los resultados que contribuyen a lograr los impactos finales previstos en un proyecto, un programa, una estrategia o incluso en una organización. Para ello es necesario identificar y planificar los objetivos y actividades con anticipación o cuando una intervención se adapta a problemas nuevos.

Puede emplearse una teoría del cambio en la planificación estratégica, programática o de políticas con el propósito de determinar cuál es la situación actual o línea de base (en términos de necesidades y oportunidades), qué situación se pretende alcanzar y qué hay que hacer para efectuar la transición entre una y otra.

La Teoría del Cambio permite contar con metas más realistas, se definen las responsabilidades y se acuerda una visión en común sobre las estrategias que deben aplicarse para lograr las metas.

Para una evaluación de impacto, la teoría del cambio resulta útil para establecer qué datos es preciso recopilar y cómo deben analizarse. Es una referencia muy útil para la presentación de informes.

Para desarrollar una teoría del cambio no basta con completar la información que nos demanda; es importante valorar si la teoría representa adecuadamente aquello que la intervención persigue y cómo lo hace, que se adapte a la visión y recursos de la organización, de manera que satisfaga a sus usuarios presentes y futuros.

La teoría del cambio bien planteada nos explica cómo se pretende impulsar el cambio, en lugar de limitarse a relacionar actividades y resultados previstos.

J Felipe Cajiga C

Tel. 5554032429

jfcajiga@icloud.com

https://purposeability.guru

Toda teoría del cambio ha de partir de un análisis de la situación actual. Para ello es preciso identificar el problema a que la intervención hace frente; sus causas y consecuencias; y las oportunidades, tales como las sinergias con otras iniciativas, organizaciones o los recursos disponibles que pueden aprovecharse.

Es importante examinar la situación que propició la intervención y comprobar que esta intenta resolver el problema correcto.

El paso siguiente consiste en aclarar a qué aspectos del problema hará frente la intervención, y formular expresamente los resultados e impactos que se persiguen.

Una vez que se alcanza un acuerdo sobre la situación actual y aquella que la intervención trata de generar, debemos explicar cómo se va a pasar de la situación presente a la deseada.

EL CAMBIO DESEADO

La elaboración de una Teoría de Cambio se inicia, no a partir de la identificación de un problema a ser resuelto, aunque por supuesto es importante tenerlo claro, sino desde la visualización que hacemos de una situación que se quiere alcanzar en un tiempo posterior al actual. Utilizamos esta visualización de futuro como horizonte y motivación de nuestra acción presente. Esto es, el cambio deseado representa un conjunto de condiciones, relaciones y resultados que queremos contribuir a que ocurran en los años venideros a partir de nuestra acción en el entorno presente y futuro.

La visión tiene que ser realista y alcanzable. Se tiene que concentrar en cambios en y entre individuos, organizaciones, estructuras sociales, patrones culturales e instituciones sobre las que nuestra organización puede realmente influir (no un estado idealizado que

J Felipe Cajiga C

Tel. 5554032429

jfcajiga@icloud.com

https://purposeability.guru

no es posible alcanzar). Esto es, no sólo ha de ser posible incidir sobre esa realidad futura, sino que además ha de existir suficiente grado de probabilidad de que así ocurra, de manera que justifique invertir los recursos y trabajo.

Una vez identificado el cambio deseado, debemos establecer cuáles son las Áreas Estratégicas sobre las que se va a sustentar ese cambio; y, por ende, sobre las que hay que centrar nuestra acción.

Una vez acotado el universo de acción, pasamos a identificar aquellos actores que están involucrados en el proceso sobre el que se quiere influir activamente. Éstos son actores son aquellos que están involucrados o se verán afectados en el campo en el que buscamos influir.

Esto también nos permitirá entender mejor el tipo de relaciones a las que nos vamos a enfrentar y nuestra capacidad real de influencia que los actores tienen o que podemos llegar a tener sobre ellos en el proceso de cambio.

Un aspecto que caracteriza a la Teoría de Cambio es el énfasis que pone en profundizar la práctica reflexiva. No sólo se trata de analizar e identificar las condiciones necesarias para definir la ruta a seguir, sino también de explicitar cómo llegamos a esas conclusiones.

La Teoría de Cambio nos obliga a revisar de manera constante los supuestos que utilizamos para interpretar la realidad.

La ruta de cambio identifica los hitos del proceso y las condiciones que se han de dar para lograr avanzar con la certeza suficiente en medio de la complejidad en que ocurre todo proceso de cambio social. Con ello podemos identificar aquellos resultados que debemos lograr en cada una de las áreas estratégicas, para llegar al

J Felipe Cajiga C

Tel. 5554032429

jfcajiga@icloud.com

https://purposeability.guru

Cambio Deseado y que dependerán de que se cumplan ciertas condiciones, que de lo contrario el cambio nunca se dará.

Los indicadores de cambio son distintos de los indicadores de ejecución de actividades. Con los indicadores de cambio buscamos entender mejor cómo leer el contexto para ver cuáles son los efectos que podemos percibir en el mismo a partir de nuestra acción. Nos permiten entender mejor cómo se está dando realmente el cambio; y de igual manera, nos permiten entender mejor cuál es nuestra contribución a que este suceda.

Debemos tener en claro que, no por el hecho de ejecutar una actividad estamos realmente contribuyendo a generar los cambios planificados inicialmente.

La revisión periódica de estos indicadores ayudará a ajustar nuestra Teoría de Cambio.

Durante los últimos años hay dos herramientas o modelos utilizados por las organizaciones para planear y dar seguimiento a tus proyectos: el Marco Lógico y más recientemente la Teoría del Cambio, es decir, la articulación de los resultados que una organización debe lograr para tener éxito, y cómo, trabajando solo o con otros, los logrará.

La teoría de cambio es una metodología que nos facilita representar gráficamente, con una lógica causal, los objetivos que busca alcanzar una intervención (actividades), considerar los supuestos que se deben de cumplir y la manera concreta con la que se propone conseguirlos.

La Teoría del Cambio es un proceso para aclarar cómo las actividades de una organización crean resultados positivos.

Uno de los productos del proceso de Teoría del Cambio es un mapa de resultados, que muestra visualmente cómo las intervenciones (actividades) se vinculan con los resultados.

Un proceso de Teoría del Cambio solo debe iniciarse si la organización tiene consenso en la visión de lo que espera lograr, y está dispuesta a reflexionar seriamente sobre su trabajo y en su caso tomar decisiones difíciles.

Antes de comenzar este proceso, entonces debe aclarar la visión de aquello a que aspira con el programa, recopilar toda la evidencia y entusiasmar a tu equipo por emprender este camino.

J Felipe Cajiga C

Tel. 5554032429

jfcajiga@icloud.com

https://purposeability.guru

Las organizaciones sociales lo hacen por su propia voluntad o porque los donantes, miembros de la junta u otras partes involucradas les piden que lo hagan.

Pero, aunque tener un mapa que nos presente los caminos y alternativas de un programa resulta de gran utilidad, no debemos pensar que poner información y datos en cajas y líneas plasmadas en papel nos garantiza que la organización tome mejores decisiones.

La teoría del cambio debe responder a seis grandes preguntas:

1. ¿A quién busca influir o beneficiar (población objetivo)?
2. ¿Qué beneficios (Cambio) está buscando lograr (resultados)?
3. ¿Cuándo los logrará (período de tiempo)?
4. ¿Qué se va a hacer (intervenciones) para que esto suceda (actividades, estrategias, recursos, etc.)?
5. ¿Dónde y en qué circunstancias operará el programa (contexto)?
6. ¿Por qué se cree que el cambio se logrará (suposiciones)?

La teoría del cambio se puede representar de diferentes formas y tamaños, como diagramas, como tabla, como mapa mental, diagramas de flujo, etc.

Muchas organizaciones lo presentan en distintas versiones de acuerdo con la audiencia a la que se dirigen. Por ejemplo, pueden usar un gráfico resumido para audiencias externas y una versión detallada en prosa para el liderazgo y el personal.

En estos años trabajando con muchas organizaciones en su planeación y diseño de programas o proyectos he observado algunos errores o trampas comunes en las que se cae al momento de crear tu propia Teoría del Cambio, y que son posibles de evitar y tener éxito.

J Felipe Cajiga C

Tel. 5554032429

jfcajiga@icloud.com

https://purposeability.guru

ERRORES COMUNES.

Confundir la rendición de cuentas con la búsqueda de buenos deseos.

Se vale soñar en grande y establecer metas elevadas, como acabar con el hambre en el mundo, y esto puede inspirar a sus partes interesadas, pero es mejor dejar este tipo de declaraciones para la Misión y no para la Teoría del Cambio, donde tenemos que dejar muy en claro lo que queremos alcanzar.

La teoría del cambio debe aclarar ¿qué resultados una organización sin fines de lucro se hará responsable de lograr?; en otras palabras, ¡qué resultados debe ofrecer para tener éxito?

Definir los resultados de esta manera obligará a la organización a buscar hacer realidad el impacto que desde un inicio se está proponiendo alcanzar, y no sólo que pase lo que tiene que pasar.

Se está registrando para crear, no solo lo que espera que suceda. Mientras que soñar en grande y establecer metas elevadas, como acabar con el hambre en el mundo, puede inspirar a sus partes interesadas, estos son mejores dejados para su declaración de misión en lugar de su teoría del cambio.

Una buena teoría del cambio no refleja simplemente lo que una organización ya está haciendo; más bien, articula lo que la organización quiere que se le haga responsable, y trabaja hacia atrás para identificar las actividades necesarias, estrategias, recursos, capacidades, cultura, etc.

J Felipe Cajiga C

Tel. 5554032429

jfcajiga@icloud.com

https://purposeability.guru

Si tu teoría del trabajo de cambio no le ha llevado a proponer ningún cambio en estos elementos, probablemente no ha tomado una mirada lo suficientemente difícil.

ERROR 2:

No tener en cuenta el contexto externo. Las mejores teorías del cambio integran explícitamente las acciones previstas de otros actores y factores que no están en tu control, el trabajo de las organizaciones de pares, los cambios esperados en el clima económico, etc.

Por ejemplo, si se trabaja para resolver la falta de vivienda en una comunidad, Una comprensión profunda del contexto externo y los involucrados nos ayudará a crear una teoría más realista del cambio.

ERROR 3:

No confirmar la veracidad de la teoría, esto es comprobar nuestra hipótesis. Si bien el diálogo interno es un punto de partida común para la teoría del desarrollo del cambio, el proceso no debe concluir sin un esfuerzo concertado para verificar si tu "teoría" es sostenible.

Debemos sustentarnos no sólo en una buena narrativa de lo que creemos que determina y resolverá nuestro problema, debemos investigar y respaldarla de la mejor manera posible, con datos o evidencias que puedan sustentar nuestros argumentos.

J Felipe Cajiga C

Tel. 5554032429

jfcajiga@icloud.com

https://purposeability.guru

ERROR 4:

Crear una teoría que no pueda ser medible. Para poder probar, refinar y mejorar tu teoría del cambio con el tiempo, necesitas ser capaz de medir sus elementos clave.

Una forma común de poner en funcionamiento nuestra teoría del cambio es obtener específicos: articular los indicadores de entrada, salida y resultados que la teoría del cambio sugiere que debe realizar un seguimiento (también conocido como crear un "modelo lógico").

Si realmente no puede reunir estos indicadores en las frecuencias correctas para aprender lo que está funcionando, es posible que no esté especificando tu teoría del cambio en un nivel lo suficientemente profundo (por ejemplo, es posible que necesite definir resultados intermedios que sean predictivos de aspiraciones).

ERROR 5:

Suponer que lo hemos descubierto todo. Para sacar el máximo provecho de su teoría del cambio, debe reconocer y explicar explícitamente las incertidumbres que subyacen a tu plan.

Las organizaciones de aprendizaje especifican cuidadosamente sus suposiciones, reflexionan regularmente sobre si esos supuestos están dando a conocer y consideran qué nuevos supuestos podrían probar para mejorar aún más el impacto.

Un mecanismo simple pero poderoso para lograr esto es crear una "agenda de aprendizaje", una lista simple de suposiciones e hipótesis que su organización puede probar con cierta frecuencia.

Una agenda de aprendizaje puede ayudar a garantizar que la teoría del cambio de tu organización se revise constantemente

J Felipe Cajiga C

Tel. 5554032429

jfcajiga@icloud.com

https://purposeability.guru

Ojalá y esto les permita evitarlos y tener una buena tarea encontrando su propia Teoría del Cambio.

J Felipe Cajiga C

Tel. 5554032429

jfcajiga@icloud.com

https://purposeability.guru

MÉTODO: ASIGNACIÓN DE RECURSOS

En el trabajo de una organización social o de varias que busquen trabajar en Alianza, es indispensable identificar los recursos con los que se cuenta y están disponibles.

Generalmente cuando hablamos de recursos, pensamos en dinero y al momento de hacer una planeación es lo último en que trabajamos.

Pero tener una clara visión de las herramientas con las que contamos, nos permitirá también tener más claridad de lo que queremos hacer y de lo que podemos hacer.

Muchas veces con estos ejercicios detectamos aspectos fundamentales que un área dentro de nuestra organización, o en el caso de la Alianza de otras organizaciones, puede resultar muy valiosa, más de lo que imaginamos.

Para ello es recomendable organizar y dedicar tiempo para una reunión dedicada a identificar los recursos que cada área o socio puede aportar.

Esta reunión puede ser en el formato de un taller, posiblemente gestionado por un facilitador externo con experiencia, si esto hace sentir más cómodos a los participantes, al dar cierta garantía de imparcialidad.

Este proceso, puede ofrecer oportunidades para que los miembros de la organización exploren plenamente tu propio potencial de contribución de recursos. En el caso de una Alianza con el espíritu de una competencia sana, poder llevarlos a hacer compromisos tangibles que

J Felipe Cajiga C

Tel. 5554032429

jfcajiga@icloud.com

https://purposeability.guru

permitan que la Alianza se pueda poner en marcha de manera más rápida y eficiente.

Hay varias formas de hacerlo dinámicamente. La forma más sencilla es poner al frente una columna que defina cada uno de los programas o actividades a realizar y pedir a todos los que están en la sala que escriban cada contribución de recursos que consideran pueden ofrecer en una tarjeta separada o en una nota "post-it".

Estos se pueden concentrarse en un pizarrón, o en una pared donde todo el mundo puede ver la colección de recursos en crecimiento.

Las tarjetas pueden ser codificadas por colores para registrar qué área o socio ha hecho qué oferta particular. Estas tarjetas pueden ser "agrupadas" por recursos que se repitan y posteriormente revisadas por el grupo, y se añaden más a medida que se producen nuevas ideas.

Construir confianza es un proceso. Requiere interacciones consistentes y repetidas a lo largo del tiempo.

TOMA TIEMPO

Lo primero que hay que reconocer es que la confianza requiere tiempo para construirse. Considera a las personas en las que confías personalmente.

Lo más probable es que hayan pasado muchas horas, días o incluso años interactuando con ellos, antes de estar seguro en que confiaste.

Del mismo modo, debemos considerar cada minuto que pasamos trabajando con un nuevo socio como una oportunidad para construir un poco más de confianza.

Encontrar oportunidades para pasar tiempo de calidad juntos, siempre será de provecho, idealmente en persona, permitiéndose a conocer cada una de sus organizaciones.

LOS PROCESOS EXITOSOS SE CONSTRUYEN JUNTOS

Es más probable que las personas confíen en los resultados de un proceso si ayudaron a crear el proceso. Considera invitar a tus socios potenciales y a otras partes interesadas a conversar lo antes posible.

SER TRANSPARENTES

J Felipe Cajiga C

Tel. 5554032429

jfcajiga@icloud.com

https://purposeability.guru

Confías en los que entiendes. Así que, tanto como sea posible, ayuda a tus socios a comprender las expectativas que tiene tu organización sobre ellos.

- ¿Qué esperas lograr a través de esta asociación?
- ¿En qué eres capaz de comprometerte?

DIALOGAR TODO CONFLICTO POTENCIAL

El conflicto, grande o pequeño, siempre es parte de cualquier relación. En lugar de tratar de evitar hablar de posibles conflictos, considera hablar de ellos abiertamente y si es antes o cuando están comenzando, mucho mejor.

- ¿Qué problemas esperas que surjan?
- De manera realista, ¿cómo podrían afectar a su trabajo juntos?

Al ser honestos y transparentes sobre los conflictos, estarás contribuyendo a resolverlos antes de que sean demasiado grandes.

ENCONTRANDO EL ALIADO IDEAL

Una vez que la empresa u organización tenga claro el resultado deseado, puede hacer un barrido inicial de todas las organizaciones, empresas y grupos de personas que pudieran estar involucradas con el resultado previsto.

Estos grupos, conocidos como actores (Stakeholders), donde puede encontrar a tus socios potenciales.

En esta tarea, es indispensable comenzar con un mapeo de actores, haciendo un primer reconocimiento de que actores están involucrados con el problema a solucionar.

Podemos identificarlos por dos tipos o categorías: aquellos que se afectan de la situación y aquellos que impactan en la situación.

Muy útil será ordenarlos en una tabla, en la que podamos complementar la información con datos de porqué los colocamos en una u otra categoría.

RECONOCE A TUS VOLUNTARIOS.

- ¿A quién no le gusta ser reconocido?
- ¿A quién no le gusta ser tomado en cuenta como parte del éxito de una actividad? Sobre todo, cuando se trata de una actividad extraordinaria y tan especial.

El reconocimiento al personal voluntario es una parte esencial de cualquier programa, es la forma en que le dices a tus voluntarios que son importantes y que valoras sus ideas, su compromiso y su

J Felipe Cajiga C

Tel. 5554032429

jfcajiga@icloud.com

https://purposeability.guru

participación. Motiva a los voluntarios a seguir participando y es un incentivo para que otros colaboradores comiencen a sentirse atraídos.

Debes para ello fijar previamente cuales son aquellos aspectos que más valoras y por tanto los que vas a reconocer. Idealmente no debe ser una sola persona la que se reconozca, es mejor que sean varias personas o equipos los que puedan aspirar a ello.

Claro sin que caigamos en el otro extremo de reconocer a todos.

En ese caso si puedes dar un diploma a todos los participantes de una actividad en específico y esto servirá para esos fines, sin dejar de destacar las contribuciones más importantes. En cualquier caso, el reconocimiento es factible y muy importante.

Existen varias formas de reconocimiento de las acciones voluntarias, desde el que da la naturaleza misma de la acción. El reconocimiento descansa en exaltar la importancia que tiene la participación de cada uno de los voluntarios.

Este es la esencia misma del programa, pues le dice al voluntario que su trabajo hace un aporte significativo para transformar la realidad o la vida de alguien.

Se debe quedar claro en todo comunicando previo, durante y después de la actividad cuál es el aporte que se está dando como resultado de la acción voluntaria.

RECONOCIMIENTO EXPLÍCITO.

Este como su nombre lo dice son acciones abiertamente celebran la participación o aporte de los voluntarios.

Este pude ir desde las más institucionales como lo es el incluir la acción voluntaria a la evaluación de desempeño, con lo que la empresa demuestra que importancia le dar a la participación de sus empleados en actividades voluntarias, hasta la más pequeña como puede ser una mención pública.

El reconocimiento se puede dar de acuerdo con cada empresa en el marco de un evento, una reunión importante, al cierre de una actividad, o en un evento especialmente diseñado para ello.

Reconocer el trabajo voluntario es uno de los pasos más importantes en este proceso de construir afianzar el voluntariado corporativo. ¿Cuándo y cómo hacerlo será clave para que tenga el impacto que se busca en el empleado y en la misma empresa?

No todos los reconocimientos se dan al final de la actividad. También es bueno que el voluntario se reconozca por su decisión de participar. Así que algún pin (botón), algún elemento para su espacio de trabajo o en su credencial sirven para tal fin.

En el marco de una actividad de retroalimentación y evaluación de algún evento, se puede dar un almuerzo de trabajo, en el que participen los líderes del proyecto, algunos representantes de la organización y alguno(s) de los líderes de la empresa que los entregue y de algún mensaje para todos. Hacer la mención y entrega de los reconocimientos a los voluntarios.

En el evento de fin de año, es una oportunidad excelente para hacer un recuento de las actividades y de los equipos (áreas) que mayor participación tuvieron durante todo del año.

Tú ¿cómo reconoces a tus voluntarios?

J Felipe Cajiga C

Tel. 5554032429

jfcajiga@icloud.com

https://purposeability.guru

J Felipe Cajiga C

Tel. 5554032429

jfcajiga@icloud.com

https://purposeability.guru

Pareciera obvio, pero no lo es tanto si nos detenemos a pensar la respuesta. El recibir un pago por el mismo o ejercer nuestra profesión no son respuestas que en sí mismas nos den una respuesta satisfactoria permanentemente, que hay más allá de vender nuestro trabajo al "mejor postor"

¿Qué es lo que nos hace levantarnos motivados cada día y acostarnos satisfechos y realizados cada noche?

Todos necesitamos un propósito en el trabajo, no importa si lo hacemos por nuestra cuenta o formamos parte de una empresa u organización.

Atrás quedaron los días en que éramos impulsados por un buen salario y atractivos beneficios, no quiero decir con esto que no es importante, lo es.

Hoy en día la mayoría de los profesionales ven esto como un hecho y lo dan por sentado, necesitan entender para qué están trabajando y cómo su trabajo, puesto o función puesto impacta al mercado, a nuestros clientes, a la sociedad.

Actualmente, los jóvenes que están iniciando sus carreras profesionales desean que su trabajo repercuta en algo más grande trascendente y significativo que solo ganar dinero, tener fama o poder.

Se preocupan por conocer cómo actúa la empresa, cuáles son sus valores y las causas que defiende para tomar la decisión de con quien emplearse.

J Felipe Cajiga C

Tel. 5554032429

jfcajiga@icloud.com

https://purposeability.guru

Un trabajo en sí mismo no es ni grandioso ni terrible, la experiencia y cómo la calificamos depende más de lo que aportamos. La mayoría vemos al trabajo como un "trabajo", nuestra manera de ganar dinero, de mantenernos y comprar lo que necesitamos o queremos.

Por momentos creemos que, ascendiendo en nuestro trabajo, es que encontraremos al final la satisfacción plena. El problema es que a veces vamos postergando la búsqueda por la seguridad que llegará quizá cuando nos retiremos.

Cuando esto sucede, pierden sentido todos los sacrificios y horas extras, se resumirá en títulos que ostentamos y el dinero que haya quedado en nuestra cuenta. Afortunadamente muchos entienden su trabajo como una misión, es decir, algo socialmente valioso incluso si algunas tareas no son siempre agradables, para ellos.

Las empresas también deben entender que tus colaboradores desean que les den un sentido de propósito en el trabajo y saber cómo su contribución hace una diferencia.

El valor en términos de compromiso por parte de los empleados para trabajar con un salario competitivo y beneficios se ha reducido y sustituido por el deseo de trabajar con un propósito y hacer una diferencia a través de sus puestos laborales.

En esto la cultura de la empresa juega un gran papel, porque es la que establece la relación entre los objetivos y valores de la compañía y los de tus colaboradores estableciendo o no un punto u objetivo en común para el cual trabajar.

Esto, a su vez si se relación con algo más trascendente, puede brindar a los empleados un mayor sentido de propósito y valor.

J Felipe Cajiga C

Tel. 5554032429

jfcajiga@icloud.com

https://purposeability.guru

Haciendo más fácil que apoyen los objetivos de la empresa, se comprometan más con ella y estén más satisfechos con su trabajo.

También se genera un auténtico sentido de equipo y colaboración entre todos los integrantes de la empresa internos y externos. El estilo de liderazgo también se ve influenciado, haciendo innecesario y obsoleto el control y supervisión fundamentados en la desconfianza y autoritarismo.

El propósito en el trabajo y la empresa está dejando rápidamente de ser un diferencial y se está convirtiendo en algo imprescindible y esperado.

Es lo que marca la diferencia entre un empleado y un colaborador; de un cliente a un apasionado de la marca, porque la relación se construye también con bases emocionales, de confianza y compromiso mutuo.

Encontrar el propósito es posible para todos, es una tarea no simple. Pero no quiere decir que requiera grandes cosas o superar grandes obstáculos.

Requiere de toda nuestra atención y cuidado, porque no estamos hablando de una frase inspiradora que se nos ocurra o que resulte de una sesión de lluvia de ideas.

Encierra más profundidad que la que dan unas hermosas palabras, debe de resonar dentro de nosotros, nos debe llamar, invitarnos a actuar. Debe ser capaz de reflejarse en el día a día de una organización.

El propósito es algo 24/7, no es algo que vivamos 8 horas diarias y que al terminar nuestras labores quede guardado hasta el otro día. No descansa los fines de semana, ni los días de asueto.

J Felipe Cajiga C

Tel. 5554032429

jfcajiga@icloud.com

https://purposeability.guru

Está conectado con nuestro ser y lo que nos hace sentir humanos, lo que nos da trascendencia y conecta con lo que creemos y vivimos todos los días en todos los ámbitos de nuestra vida, Uno y todos a la vez.

El propósito laboral y empresarial no tiene que ver con apoyar una causa social, no habla de apoyos o donativos. Va mucho más allá es una convicción, es para lo que hace lo que hace, es el legado que queremos dejar.

Entender lo que nos impulsa y motiva nos permite invertir nuestro tiempo, nuestras ideas en las cosas que nos ayudan a vivir nuestro propósito. Se convierte en la forma más fácil de elegir lo que hacemos o no, ¿contribuye con nuestro propósito? ¿O no? Vale entonces la pena dedicar tiempo y esfuerzo a ello.

J Felipe Cajiga C

Tel. 5554032429

jfcajiga@icloud.com

https://purposeability.guru

El propósito y su valía no tiene que ver con el tipo de trabajo, ni es exclusivo de los profesionistas o técnicos más preparados, es universal. Puede tenerlo el vigilante, el zapatero, el ingeniero, el maestro, el actor, el cómico, el presidente de una compañía, un activista, si lo saben encontrar y vivir por él.

¿Tú ya encontraste el tuyo?

J Felipe Cajiga C

Tel. 5554032429

jfcajiga@icloud.com

https://purposeability.guru

Una Organización exitosa no sólo se preocupa por implementar programas bien diseñados y un buen sistema de gestión que los haga más fáciles de administrar.

También contempla a la comunidad como un actor vivo y no únicamente como el receptor de los servicios. La participación de la comunidad contribuirá a la sostenibilidad a largo plazo.

Debe comenzar por reconocer y obtener información de las partes interesadas para un proyecto o programa propuesto. Esto dará lugar a un proyecto adecuadamente diseñado para hacer frente a los desafíos identificados. El diálogo proporcionará historias reales y convincentes para su uso en su plan de comunicación con sus donantes y aliados. Lo que le conducirá a una mejor financiación para su programa.

Las partes interesadas que participen en el proyecto serán alentadas por resultados positivos para sostener las actividades exitosas del proyecto.

CLAVE 1: LAS PERSONAS.

La gente es centro del enfoque del éxito de las organizaciones y proyectos sin fines de lucro.

Las personas son clave para entender los desafíos y soluciones.

Un enfoque centrado en las personas proporcionará historias cautivadoras para los donantes y la sostenibilidad a largo plazo para sus programas.

J Felipe Cajiga C

Tel. 5554032429

jfcajiga@icloud.com

https://purposeability.guru

CLAVE 2: LA COMUNICACIÓN.

Un plan de comunicaciones atraerá a nuevos participantes y donantes a sus programas y construirá su base de apoyo. Las historias honestas, íntimas y emocionalmente convincentes obtenidas de las personas y actores, conectarán y cautivarán a los donantes.

Los programas se vuelven más atractivos para los donantes cuando se ve claramente que se ha incluido la aportación de la comunidad en el diseño del programa.

Las plataformas digitales modernas son menos costosas que los envíos y le permiten realizar un seguimiento de los éxitos. Boletines de noticias por correo electrónico, redes sociales y páginas web de llamada a la acción convertirán a los visitantes del sitio web en simpatizantes.

CLAVE 3: FINANCIAMIENTO.

El financiamiento debe ser bien planteado en cuanto a su objetivo y la identificación de las fuentes de dónde obtenerlo. Si esto se deja abierto a lo que vaya sucediendo o se usa indiscriminadamente y sin ninguna planeación todo cuanto mecanismo se nos ocurra, los resultados serán muy pobres.

Los aportantes y donantes en la actualidad esperan solicitudes muy tangibles y específicas.

Debemos diferenciar claramente las donaciones de la procuración de fondos que es algo mucho más amplio.

CLAVE 4: IMPACTO SOSTENIBLE.

Los programas de la organización no deben pensar en perpetuar una ayuda o servicio a la población, deben buscar que eventualmente en el futuro cercano ya no lo requiera o ellos mismos sean capaces de suministrárselo.

Las etapas asistenciales que remedian los efectos de una problemática son importantes en etapas iniciales. Pero de no venir acompañada de acciones que permitan a la población alcanzar un siguiente nivel, tendrán un impacto poco sostenible. Que requerirá recursos constantes y hasta crecientes.

CLAVE 5: INDICADORES DE DESEMPEÑO

El medir los resultados basados en datos es una tendencia en la mayoría de las organizaciones en estos días. Esto es algo nuevo que está permeando desde el sector lucrativo, y que es bueno para el seguimiento del éxito, pero también para la toma de decisiones.

Hay muchas maneras de medir el éxito de una organización sin fines de lucro. Pero la mayoría de ellos giran en torno a un tema: Impacto. Es en este en lo que hay que poner toda la atención.

Digamos que eres una organización que está tratando de desarrollar una cura para una enfermedad. En este caso, su impacto se medirá por cuánto progreso está haciendo hacia la búsqueda de una cura y no tanto en que tantas actividades se realizaron y la evaluación de la ejecución de estas.

Cuanto más se puede hacer para alterar el contexto en el que opera más allá de lo que estaría sucediendo si no existiera en absoluto, más se puede afirmar que se camina hacia el éxito.

Cómo no medir el éxito de las sin fines de lucro

La tentación de muchas sin fines de lucro es centrarse exclusivamente en las métricas de ingresos y donaciones. Las razones de esto son comprensibles: Cada organización necesita dinero para operar, y las organizaciones sin fines de lucro no son diferentes.

La competencia por las donaciones es feroz, y las organizaciones necesitan delinear una estrategia bien definida para traer los ingresos que necesitan para seguir adelante con los objetivos clave. Si no pueden hacer que la gente done, entonces no van a estar cerca para hacer una diferencia en sus áreas elegidas.

Pero el problema con el tratamiento de las métricas de ingresos es que puede hacer que su organización pierda de vista lo que realmente está tratando de lograr. De repente, los ingresos dejan de ser un medio para llegar a un fin y en su lugar se tratan como el objetivo final.

Es importante adoptar algunas métricas para la recaudación de fondos, pero estas no deben ser las únicas, ni las más determinantes. ¿La razón? Aumentar los ingresos no es un objetivo final para las sin fines de lucro.

Sus indicadores tendrán que ser tan únicos como la misión y estrategia de su organización.

J Felipe Cajiga C

Tel. 5554032429

jfcajiga@icloud.com

https://purposeability.guru

J Felipe Cajiga C

Tel. 5554032429

jfcajiga@icloud.com

https://purposeability.guru